最後の抱擁

石館康平

ミッドナイト・プレス

目次

Ⅰ　時間と空間の砂場

Ⅲ　ことばとこころ

最後の抱擁

Ⅰ　時間と空間の砂場

夏は終わらない

道は真っ白だ
空は真っ青だ
家は真っ暗だ
そして誰もいない

暑熱の祭りは突然に終わる
夏は疲れぬままに熟し
秋の到来に譲るためではなく
来るべき夏のために退《しりぞ》く

いつだって何かが終わっている

終わって欲しくないものについてほど
終わりの兆しを捜し求める
つかんだときの倒錯の勝利、やがて受け入れる敗北

なんと静かで大きな退場なのだろう
夏よ
無償の豊饒よ
純粋な空虚よ

雨だれ

雨だれにずっと浸《ひた》っていたい雨の日
空が重たくふさがっていて
首を縮めて巣穴に潜んでいたいような日に

天気の良い日の雨だれもきっと素敵だろう
見えない天の庇《ひさし》を伝わって
底の抜けた青空を背に落ちてくる透明な水玉

あるいは眠くなるような春先の明るい昼下がり
もっこり積もった屋根の雪解け
仄暗い炬燵のうたた寝に届く　庇を叩く太鼓のリズム

これでよい　これでよい　このままでよいのだと
あゝ　これは軍隊行進曲
怠惰で臆病な兵士のための―――

モーツアルト喜遊曲17番ニ長調メヌエット

水溜まりを夕映えの雲が赤く染めていた
山の端の雲を金に縁取っていた炎が鎮まると
中天高くかかる筋雲へと燃え移った
空にはまだ残る青色が冷たく沈んでいた

灯を入れたばかりの郊外電車が高架線をゆく
夕陽の残照を横腹に受けながら
帰りを急ぐ乗客を腹いっぱいに詰めこんで
車体を斜めにつんのめらせて疾駆する

みんなどこかへ走る

すべては瞬きの内に移ろいゆく
光が残っているうちに
風景のすべてが走る　時も走る

雲も遠い山並も
走らなければならない　どこかへ向かって
涙も悲しみも
この大きな夕暮れすらも身を投げだす

ああそれにしても
美しいことが何でそのままこのように悲しいのだろう
ナイフの閃きのように
激しく胸をえぐるものはなんだろう

空にかかる壺

白磁の壺が薄暮の中天に懸かっていた
壺の表面は空のように光っていた
壺と空との境界は空へと溶け込んでいた
壺のかげりが空の深さを教えていた

こんどは初めて壺そのものと向き合った
博物館で見た壺もやはり空のようだった
表面の湾曲は空の湾曲とつながっていた
そして壺のまわりは空となった

車窓の旅人

僕は旅人だ
疾駆する汽車の窓から
踏み切りで行く手をふさがれた人びとのなかに
自分を見つけるひとりの旅人だ

人参やら玉葱やらの入ったビニール袋を提げて
踏み切りに守られながら
轟音を立てて通りすぎる特急列車を見送る
日常を生きる人として

祭りのただ中にある乗客は

列車を見送る人を見て
なにを幸せとして生きるかを心に問うだろう

僕は一人の歩く特急列車なのだ
行き交う人を車窓からの旅人の眼で眺めることも
旅する人を踏切で呆然と見送ることもある

歩行者

街を行く俺のサックス
風が凪いだこの街にはなにやら不正の臭いがする
俺が吹くと通りには風が巻き起こる

ひと吹きで電柱をへし折り街灯をなぎ倒し
人を襤褸《ぼろ》切れのように路上にたたきつけながら
饐えた臭いのよどむ街を俺はひたすらに行く

女たちがしなびた乳房を干瓢《かんぴょう》のように欄干《らんかん》に曝し
真っ赤に塗った口を大きく開けて何かをわめいている
そいつを捕まえろ

寝るな、座るな、立て、そして歩け
だが俺の通る道をふさぐな
なにより俺のあとをついてくるな

寄るな触るな、俺の流す血を見るな
そして誰も聞くな　俺の唄を
汗にまみれて街を行く俺はサックス

白昼の惨劇

見えないツララが天から下がっている
地からは氷柱が天に向かって伸びている
それは目と心をある角度に保ったときだけに見える

天に向かう無数の氷柱の先は蒼空に溶け込んで見えない
ときどき柱の側面を光が走る
天と地とを結ぶシナプスを走る信号

よく見るとこのツララの表面はアブラムシのように
何か小さく動くもので一面に覆われている
さらに目を凝らすとそれは薄羽《うすば》かげろうのような裸形《らぎょう》の人形《ひとがた》だった

地から生える氷柱にアブラムシのように集《たか》るひとの群れは
ひたすら上を目指してよじ登り
天から下がるツララの先端からは人の形がぶら下がっている

ツララにしがみつく透明なアブラムシの群れは
下降に必死に抵抗しながらもずるずると下がっていく
力尽きた人形は先端から次々と音もなく落下してくるのだった

それからというものは太陽が回りすぎたか
二度とその光景は目に入らなくなった、
あるいはそのアブラムシの行列に入り込んでしまったのか

見えなくなったことがないことにはならない

日毎に繰り返されているはずの白昼の惨劇を呑み込んで
空は邪悪に青く照り映えている

窓明かりと星空

遠い窓の明かりが星のように瞬いている
地を飾る満天の星空
そのとき人が窓に見ているのは
星空のように意味なく美しい瞳の瞬きではない
りんごでも梨でもない果物そのもののように
窓の明かりが呼び起こす幸せそのもののイメージなのだ

雪道に映える窓の明かり
心に染みとおる懐かしい明かり
人はこの明かりにふさわしい幸せを生きているだろうか
どんな貧しい路地でも

豊かな暮らしがしのばれる大通りでも
明かりのもたらす幸せの力は等しい

薄い気層に辛くも守られた地上で
頭上を覆う暗黒という圧倒的な力の下では
どんな豪邸も陋屋《ろうおく》もウェファースで出来た小箱にすぎない
押し寄せる宇宙の暗黒の圧力を押し戻し
この心細くか弱い箱を
堅固な堡塁《ほうるい》に変える力がどこかにある

板子一枚で隔てる内と外
頼りない箱を内側から支えて膨らむ
黄色い光の圧力
ひとはそのとき闇夜の稲妻に貫かれて我にかえる

君のいちばん近くに立っていたのは誰か
生きる意味とは愛ではなかったかと

波濤を越えて――信州麻積《おみ》にて

山陰《やまかげ》に日は落ちた
燃えさしの明るみが薄い靄《もや》に溶け残るなかで
山並が
遠く、近くひだを重ねている
天に上る階段のように。
鴈の群れが山襞の波濤を越えてゆく
白い蒸気の煙る光に包まれて
夕靄に沈み行く山里を眼の下にして

五月のある日

洗いたての硝子窓のような朝
空は天の水盤に漲る青い海
朝日は水晶の微塵となって降りそそぎ
真っ白な雲の隊列は早くも陰影を深めつつ空に浮かぶ
そんな朝はすでに心地よい夕べの匂いを含んでいる
爽やかな夕べが朝を思わせるように

こんなとき方角のわからぬ野に出でて歩めば
いつか朝か夕べかわからなくなっている
そんな時は時間の迷子となった幸運に身をひたすか
地面が教えてくれるのを待つのがよい

地に落とすものの影が伸びてゆくか縮んでゆくのか
伸びてゆけば夕方　縮んでゆけば朝

夕陽はひとりの彫刻家
時間とともに研がれてゆくナイフの刃先
ものの影が鋭さと深さを増してゆく夕べ
朝日は絵筆を握った画家
鈍りゆく影をとり押さえて
確かな形と彩りに収めていく朝《あした》

ある晴れた日の夕べに

夕方なのに朝を思わせるようなある日
空もたった今顔を洗ったようにくっきりと涼しく
草むらの穂先もそ知らぬそぶりながら物言いたげで
水さえ向ければおのがじし背筋を伸ばし
我勝ちにいまだ語られたことの無い物語を語り始めるだろう

木々も目覚めたばかりの姿で力みなぎり
梢の先から下枝の葉末までがすべて光っていて
陽光が葉裏に産み落した卵から孵《かえ》ったばかりの小さな夕日が
一つまみの毛から湧き出た孫悟空のように
葉陰のあちこちで遊びまわっている

こんな無垢の喜びにあふれた一夕《いっせき》の光景が
目の前で繰りひろげられているとは
ふたたびまみえることの無いこの瞬間を讃えて
失意を迎えることのあり得ない耀きで
雲べりの綿毛が銀色の炎を上げている

この幸運な時間を少しでも長引かせるためには
ジェット機の速さで太陽を追わねばならないだろうが
赦されていまここに在る不思議な悦びに包まれて
夕日から張り渡された光条を手繰りつつ
ひき寄せられるように光のなかを歩いてゆく

空よどうして

空よ　どうしてそんなに青いのだ
毎朝貼りかえられるガラスの透明な輝き
私を苛《さいな》む　青い空を満たす透き通った空虚
私の抱える　貧しい空虚のがらんどう

空よ　美しいことがどうしてそのまま悲しいのだ
日ごとの蒸留で深まりゆく悲しみの透明
悲しさに付きまとう汚れも自己憐憫の濁りもなく
空の悲しみはほとんど抽象的なまでに純粋だ

空よ　お前が青く澄みわたっているだけで

静かに地を撫でる月の光よりも
天上に瞬く星空よりもはげしく胸をかき乱す

ゆっくり深呼吸しながら真っさらな空を見つめていると
美しさの中にあった痛切さがいつか和らいでいる
がらんどうの胸はじつは使い古された空虚で一杯だったのだ

むかし土間というものがあった

それは入口の引き戸を開けたあとに続く上がり框《がまち》までの広がりであったり、あるいは台所の竈《かまど》がしつらえられた、外と家との緩衝地帯となっている空間だった。台所の土間は家によっていろいろなちがった表情を見せていた。それは煮炊きの場であるとともに、薪などの炊事用具の物置場、そして流しや水瓶の置かれた場所でもあった。土間の土はよく踏み固められていて、凹凸はあるものの、まるで地面の上塗り用につくられた塗装剤で表面を塗り固められているように、つやつやと黒光りしていた。

それにしても土間というのは不思議な空間だ。家というものは人間が自分たちの暮らしを自然の非情さから守るためにつくり出した、保護された空間だろう。頑丈な柱があり、外と内とを画然と仕切る壁がある。いろりの上を見上げるとそこには煤で黒光りする梁や、かやぶきの屋根を支える竹組がある。引き戸を開けて、嵐や吹雪の外から家のなかにはいると、そこはいろりに火がはじける暖かい自分の城塞だ。

ところが土間というものが、風雪に蹂躙《じゅうりん》されている外の地面と地続きであり、その地下に広がる広大な大地の一部が、家という限られた枠のなかでわずかに露頭している部分なのだという事実に気付くと、この空間は異なる相貌をあらわす。大雨のとき、土間の表面を破って水が噴き出さないのが不思議なくらいだ。これだけの雨水を吸い込んだ地面が、台所の土間の部分だけ乾いているわけはないではないか。こう見ると、土間の存在は、人間によって仮に囲いをされたこの空間が、犬や猫がめぐらせた縄張りにも及ばぬ、いかに脆弱で根拠に欠けるものであるかを教えてくれる場所となるのだ。「地べたを家の中に抱え込んでいる」ということの意味は大きい——そういう空間はいまの家にはなくなってしまった。

Ⅱ　自意識をもつ世界

盲目の導き

奇跡でなくてなんだろう
こうして今日も生きていることが
いつ屋根瓦が降ってくるかもしれないし
鉛筆の先でも穴の開くこのひ弱な肉体が
風にあおられて飛んだ小石に目をつぶされたり
疲れた心臓にいつもうやめたと言われても文句を言えない
死に出会う無数の機会を潜り抜けて生き延びている
そうかと思うと自転車に引き倒されてあっけなく一生を終える
こうして生き続けていられるのは全くの偶然で
努力の結果でも何でも無いように見える

生命維持という戦場で外敵との戦いに仆れる数多《あまた》の細胞
あらかじめ計画された残酷な手順の一部として
組織の再編成のために声も上げずに整理《リストラ》される細胞の大群
そのたびに新たに送りだされる夥しい数の細胞の群れ、
組織や器官、細胞そして分子それぞれの
どこを取り上げてみても、
日々そして一瞬一瞬、
あらゆる死への契機に曝されながら
彼らの一生が保障されていない壮大な無駄
その上に立って危うい綱渡りをしている個体としての生存

頭のはたらきだって頼りないものだ
何の脈絡もなくいろんな考えや感じ方が
沼から湧き上がるあぶくのように

ぽっかりと浮かんでは消え
たまに泡がつながって大きくなったりする
そんな無秩序を繰り返している脳が
必ずしもわが身に好意的ではない外界に反応して
迅速で適確な指示を出しているさ中《なか》に
己とは何者かなど
時と所を弁《わきま》えぬ問題に気をとられたりする

それでもからだ全体としては辻褄が合っており
相反する指令を同時に与えられても
馬鹿正直なコンピュータのように作動停止に陥ったりせず
個体としての均衡をとりあえず保ち
自己矛盾をやり過ごすすべを心得ていて
何とか進む道を過たないのも不思議だ

たぶん明日へという盲目の力に導かれながら。
これが体や脳を統一する力だ
それがどこからやってくるのか不思議だが。

自己否定を孕みつつ貫徹させるあくなき自己の肯定
生命は生み出し、前進する。

逆さの地球儀

人間は空間に上と下という秩序を求める
頭のある方を上とするのには同情すべき根拠がある
体は重力に馴染むように設計されているからだ
重力に逆らう逆立ちは不自然で苦しい
楽な姿勢で立てば足は地面に頭は上にくる
こうして人は人間を基準とする上と下を決めた

机でも椅子でも頭に近いほうが上となる
木でも山でも地面から遠いほうが上となる
地球の裏側に回ってもこの事情は同じはずだから
地球には上下《うえした》はないことになる

もともと上下のない宇宙
そこに浮かぶ地球にも上下はありようがない

野原に寝転がって空を見上げ続けてみよう
やがて深い海の底を見下《おろ》している気分になれることに驚く
頭と足を同じ地面につけているので上と下の秩序がこわれるからだ
てっぺんはそのままどん底でもあったのだ
日常感覚に逆らって宇宙や地球に上下がないらしいのが実感される
ところが地球という球を机に乗せると上下が生れてしまう

南半球には南を上にした地球儀があるという
逆立ちした日本の姿はどう見たって締まらない
北を上とする地図が頭に染みついてしまっているのだ
感覚を逆転させる方法が見つからない

きっと脳の中身が問題となる
こちらは文化として作られた意識だから

偏見とはこういうものなのだろう
宇宙の上下のように理屈や実験で簡単に屈服させられない
オーストラリア製の地球儀を手に入れよう
逆さの地球儀が強いるすわりの悪い感覚を味わいながら
机上に置いたり逆さの地球儀を逆さに吊るしたりして
偏見のありかたを映す鏡としてみよう

雲の遠近法

西の空にはたたなづく雲の床
真っ白な層積雲の行列が
手入れの良い白菜畑の畝のように、
岸辺に打ち寄せる白波のように並んでいる

空を見上げて驚いた
真上には雲は数えるほどしかない
この空も遠い地上から眺めれば
雲の打ち寄せる波打ち際となっているのだろう

人の眼には対数目盛りが打ってある

山際にあって行儀よく隊伍を組んだ雲は
天頂に近づくほどに少しずつほどけ
真上ではあちらに一つこちらに一つとばらばらだ

人の関係にも対数目盛がついている
雲のように目に見えるわけではないけれど
人の間に働く親和力は薄れゆく
距離の2乗に逆比例する引力のように
そしてまた反発力も関心も
夫婦、親子、兄弟、いとこ、おじ、おば－－－
恋人、友人、仲間、同僚、同郷、同国、同民族－－－
－－－そして赤の他人－－－
－－－地球の裏側の人－－－
ここまでくるとあらゆる人間的な惨禍も災厄も

遠い世界のスキャンダルに過ぎなくなる
テロの犠牲が３００人だったら、なぜ３万人ではなかったのだ

ある閾《しきい》を越えた先　個は顔を失って単に数となる
それはそのまま
顔をもった人は愛せなくても
顔の見えない人々、人類ならば愛せることをも意味してしまうだろう

遠近法の発明は偉大にして残酷だ
他人の上に生じた悲劇を日常に取り込む術《すべ》を学び
生への力を弱めることなしに
人はどこかであるがままの生を生きる

日常の知恵が生みだした調和　を乱す人間

遠近法を失った人が時に現れて
常人の安寧をかき乱す

このトゲを見よと叫ぶ詩人や預言者のような存在をゆるしつつ
のどに刺さった骨をそのままに
人はなお生きつづける

ものの名前

人はものに名をつける
つけられた名にものは抗議できないが
ものには違う見方をしてほしいことも多いだろう
だが名前にはそれだけのイメージの裏付けがすでにある
だからこそ名前が人びとに共有されている

ひとは草木に名をつけてこれと親しむ
名前から人が思い浮かべるのはたいがい花や実だ
得てして人は花実をめでて葉を見ない
立ち姿をめでて根を見ない
大事なところほど人の目から隠れている?

だが草木にとって花や実とはなんだろう
人にとっては草木を象徴するイメージでありながら
じつは大事な葉も幹も
そして土に隠れて命を支える根すらも
花実にこそおのれ自身の実現を図っているのだとしたら！

ひとはヒトにも名をつける
ひとは名づけられてはじめて人となる
名づけられることによって
その人でなくなることもある

人は世界に名前をつける
世界での関係のあり方に名前をつける

見たこともないもの
経験したことのないものに名前をつける
名前をつけることは経験の始まりではあるが
経験の終わりとなることもある

私は名づける

私は名づける
あの白く輝き
心を乗せる帆かけ舟
伸びやかにくつろぐ実体に
はればれした空への旅へいざなう
あの白いマシュマロに

私は名づける
時に邪悪に空を覆う黒い影に
あらゆる希望を抹殺し
猜疑と嫉妬に渦巻き

嵐の海辺のような
猛々しく荒れ狂う心に

私は名づける
寒い冬の空を覆いつくすヴェールに
厠《かわや》で心安らぐような
落ち着きと慰めの空の居間
舞い騒ぐ天の祝祭の
こぼれた雪の一片《ひとひら》を待ちながら

私は名づけることを止める
あの白くて
黒くて
穏やかで

凶暴な
なにものかに

地球の時間　人の時間

絶対零度で拡がる宇宙のなかでは
地球は何者でもない
地球の歴史を一日であらわせば
ヒトの存在は一瞬を生きる虫けらだ
その一瞬のなかで人間の蓄積してきた途方もない時間
目のあたりにしてきた自然の想像を超える多彩な姿

人間の言う瞬間の中にも無限の時間が詰まっている
どんなに薄い切り口からも溢れ出す稠密《ちゅうみつ》な時間
原子や分子の世界で休みなく生じている離合集散
ミクロの時間の酵素の働きや神経の伝達

たった二十分で倍増を繰り返す大腸菌の群れ
数時間のうちに成虫としての生を経験し尽くすウスバカゲロウ

いっぽう地球は人間の時間尺度には関心がない
宇宙が地球に無頓着であるように
人間の時間感覚を超えてゆっくりと進む大陸岩盤の大移動
これを実感できる力が人間にあろうとあるまいと
こうして自然は存在しつづけるだろう
たぶん人間がいなくても

自然を前にして人間は何ものでもない
だが　人間が驚かなかったら
この驚くべき自然は存在しない
何ということだ

何ものでもない人間が全世界を呑み込んでいようとは
この小さな存在を支えるさらに小さな存在に抱《いだ》かれつつ

チンの済むのを待ちながら

30秒のチンを待ちながら
ただ待っているのに耐えられず
なぜそうなるのか考えた
百分の一秒も一秒もおなじく惜しいはずなのに
短い時間への感覚は急勾配に衰える
どんな短い時間にもさらに果なく刻まれる短い時間が潜むのに
寸暇を惜しむと言いながら一秒を切ると惜しめない
そこに気づいて驚いた
惜しまない時間がどれだけ積ると惜しみだす?

10秒のチンでもまだ待てない

何かをしようと考えた
腕立て伏せでもしてみるか
考えている間に時間切れ

そこで制限時間一分で答える謎をこしらえた
実感できる時間枠が一秒から百年ほどなのはなぜだろう

そうだ心臓の一秒一度の拍動リズム
これが〝有感〟時間の拠り処
多いようで心細くもある一生30億回のビート数
この発見に励まされ
さらに先を行く発見がひらめきかけたが
チンの音に邪魔された
一分間は短すぎる！

自意識をもつ世界

人間という存在のありかたに改めて驚く
目の前の損得をはなれても
世界のありようを摑もうとするだけでなく
この世界の姿を美しいものと感じとるということが

さらに世界の成り立ちを理解しようという心の出現を
同時にこの世界を美しいものと見る心の働きの誕生を
この世界が用意しているということは
それ以上に驚くべきことではないか

世界がついにその世界自体を理解しようとする心を

自らのうちに作り出したのは
どんなにすごいことであるか言い尽くせないだろう
それだけでも世界とはその中で生きてみるに値しないか

それにしてもやはりすごいのは
この世界が存在しているということだ
それにも増して驚嘆すべきなのは世界を存在させ
その姿に驚く心が存在することだ

つかみがたい世界の来し方と行く末を考える脳がある，
言い換えれば世界が自意識を抱え持つというのは
しかも世界の自意識の一部が自分であるということは
信じがたいほどすごいことではないか

ある存在が不在に変わることで
世界はそれまでと同じに留まることはない
さらにこの世界の風景を変えてしまうような存在がある
大切な人を失ったときの喪失感はこういうものだろう

しかしどんな悲しみも
どんな無念も
自分が存在するということの大きさと不思議の前には
影が薄れてしまうだろう

不思議だ

不思議だ
昔は良かった世も末だと
何千年の昔から言われ続けながら
こんなに多くの人びとが
自分にとって大事なことだけを求めて
てんでに行き交っているのに
とにかくこの世が成り立っていることが

不思議だ
こんなに多くの人が
世のため他人《ひと》のためだけを思って立ち働き

それを生きがいにしつつ
なお世の中が何も変わらないことが
一方で何も変わらずにあるために
どれほど大きな努力が払われているかに目が届かない

不思議だ
ほとんどの人が
自分のことだけを考えていながら
少しだけ他人《ひと》のことも考えている
それが話を面倒にしているだけなのか
そのために混乱がこの程度で済んでいるのか
どうも良くわからない

不思議だ

前後左右東西南北にむけて
たくさんの布を着重ねて身を守り
靴を履いて足下を守りながら
だれもが鉄兜もかぶらずに
頭のてっぺんを底の抜けた空に曝していられるのは

不思議だ
この日々の右往左往にかまけて
うすい大気層に守られた青い空のむこう
雨あられと降りそそぐ宇宙線に囲まれて
夜も昼もない絶対零度の暗黒の宇宙の胎内に深く閉じ込められつつ
そのことの恐ろしさを忘れていられるのは

Ⅲ　ことばとこころ

愛

ほんとうの愛とは
その人がいなくなったとき、
その寂しさを分かち合える人が
当のその人しかいないような、
そういう関係の中にある

永遠――ある目覚め

それは名づけられなかったもの
名づけることが出来なかったもの
それは名づけられ得ないもの
名づけられた時に失われるもの

言葉を失ったときに生き返り
言葉が与えられた時に消え失せるもの
言葉にならないほど小さな頭が
言葉にならないほど大きな尻尾をくわえている

永遠とは名づけられなかったもののすべて

そよぐ風が葉をゆすっている
葉陰に潜んでいたなにかが目をさます
翻った葉裏にそれはもういない

夏の夜の雲は白く輝く

夏の夜の雲は白く輝く
昼の雲よりも鮮やかに白い雲の群れ
夜空の大ホールを借り切って開かれる夏の饗宴
音もなく繰りひろげられる宴の華やぎを飾る
純白の円卓に灯された燭台の輝き

宴は弾む　心地よげに浮かぶ雲の上
そこここで交される声の聞こえぬ会話のさざめき
グラスを合わせる秘かなにぎわい
注がれるワインのアルトの歌声
弾むナイフとフォークのパーカッション

流れくる雲は夜の宴を彩る白いステージ
バレエを先頭に回り灯籠のように巡る雲の群れ
蝶タイの装いもきりりと弦楽四重奏の優雅な弓さばき
白いタキシードに身を固めたジャズバンド
バンドワゴンから湧きあがる声のない歓声―――

夏の夜の雲はいよいよ白く輝く
この夜の雲をほんとうに輝かせているもの
それは宴の雲が運ぶ眩い未来の記憶のたね
新たな記憶の故郷へと誘いつづける
片足を軸にくるくると純白の衣裳のバレリーナ

逃げる言葉

あそこにじっと蹲《うずくま》っているのはだれだ
気づかれて欲しそうにして
自分と深くつながっていながら
自分ではない何ものか
近くに寄って確かめようとすると
近づいた分だけ逃げてしまう
後《うしろ》からそっと不意を突こうとしてみても
気配を読むのが早すぎる
頼むからちょっと待ってくれ

自分の顔を見たことがない

写真の顔や
鏡に映った顔から
おぼろに察することはできるのだが
本当の顔がわからない
写真のレンズは想像力に欠ける上に礼儀を知らず
鏡を覗くときには
見るべき自分や見たくない自分が
すでに用意されている

エスカレーターを登り切った踊り場は
向かい側からの上りの降り口でもあるらしい
さえない老人が背を丸めてせりあがってくるのが目に入る
どこか見覚えがある気がする
とっさに逃げ場を探したけどもう遅い

向うにも気づかれてしまった
あわてて頭を下げると
向うも間が悪そうにお辞儀している
仕方なしにやあと手を挙げると
あちらもおずおずと手を挙げかえす

気が付けばいでたちも持ち物もおんなじだ
踊り場の壁は大きな鏡だったのだ
無防備な自分に出会える
偶然の僥倖あるいは不運
それも気づくまでの勝負だ
気づいた後の自分はすでにありのままの自分ではなく
気づく前に見ているのはまだ自分ではない
千歳一遇とみえた機会も結局活かされていないのだ

電子の所在を明らかにしようと
不意打ちに光を当てても
そのときに電子はもうそこにはいない
強すぎる光が電子を跳ね飛ばしてしまうのだ
言葉になろうとして藻掻《もが》いているなにかに
すでに強い意味を負わされた言葉で形を与えようという矛盾！
それにしても
なぜ詩には言葉が要るのだろう

大いなる詩

大きな詩を書きたいと思った。
やがて気がついた
大きな詩を書くためには
大きな思想が要ることを

大きな思想のためには
大きな生活がなければならないことを
大きな生活とは自ら強いて
何かのためにほかの全てを犠牲にするような生活だ

大きな詩を書くことをあきらめた

小さな詩に決めた
小さな詩のためには大きな目が要る
それにも増して大きな感情が要る

大きな感情のためには
やはり大きな生活が要るのだ
大きな生活とは
自分の計画がすっかり狂ったことをむしろ喜べるような生活だ

智慧の目覚め

夜明けが近づいている
空が徐々に明るんでゆくように
一つの智慧が目覚めてゆく

考えは夜に属する
それも深まりつつある夜に
すべての形あるものが闇に呑まれてゆくときに

思考が形象から離れて飛び立とうとする
何かが暗闇の中で生まれ
それは確かに検証に値する何かだったはずだ

深夜の闇のなかで
神秘な深さをたたえていたかにみえた思想の意匠
明るみがそれを静かに剝ぎとってゆく

あれほど光彩に満ちていたはずのものが
無残に色と形を失っていく
具体的なものの勝利の時間

ああ夜が明ける
形あるものの世界が蘇る
そして人の思考を形のもとに隷属させる

明るみによって剝ぎ取られた下《した》に現れるもの

残された見栄えのしない思想の実質
―――それが智慧というものだろう

夕暮れの町

夕ぐれのこの町はいつか来た町だ
生まれたときから夕暮れしか知らないのか
この町はいつ来ても夕暮れなのだ
それとも来る時がいつもそういう時間なのだろうか

壁の色はいつも夕陽に染まっていた
電信柱の放列が赤い空を黒く抜いていた
雲が別れを惜しむように金環を輝かせていた
西の空に一番星が光っていることもあった

赤く染まりながら行き暮れるために

月日がすぎていった
ずっと行き暮れたままに
斜めの陽射しに浸《つ》かりながら

泣いている魚のように
誰にも気づかれず
風に置き去りにされた木の葉のように
自分はここにも属さないのかもしれない

横丁の路地からは転がり出るドッジボールの球
後を追って出てくる子はいない
横倒しになった自転車の後輪はまだ回っているし
風もないのにブランコが揺れたままだ

荒涼としているわけではないのに人気《ひとけ》がない
だが湯気の出そうな生活の匂い
台所の煙突からは煙が上がっているし
みな人の気配を残すものばかり———

ミルク色の夕もやが流れる路地裏に
（御飯よー）
今にも聞こえてきそうな若い母親の呼び声
（いーまいーくよー）

いつか

いつか君に語ることがあるだろう
罪の重みが背中から消えてゆくときに
仆れたときに背中で浮いた荷が
誰かの手で支えられたときに

いつか君に笑いかけることがあるだろう
ぼくがそれまでの笑いを使い果たしてしまったあとで
最後に見送った汽船の煙を思い出しながら

いつか君に泣いて見せることがあるだろう
悲しく思うことがなくなってしまったことを嘆いて

そしていつかきっと踊り狂うことがあるだろう
誰もいない崖の上で、
遠く地上の星空のように瞬く街の灯を見下ろしながら
そしていつか――いつかと思うことがなくなるだろう

風景

さようならと言ってみた
とりまく景色はたちまち美しくなった
またの日をと誓ったら
すべてはそこで色褪せた

去りゆく目にはすべてが美しい
何ものも奪わずそしてつけ加えず
さようなら
ただそのままにさようなら

最後の抱擁（あとがき）

デッキチェアにもたれてきみは遠くを見ていた
夕日がうなじの和毛《にこげ》を光らせていた
僕には届かない遠いところにいるようだった

君を取り戻そうと後ろから肩に手を置いた
アップにしたきみのうなじが淋しそうだった
僕に先立たれた君のように

きみが居なくなったらもう肩を抱けない
ふたり同時に消えられれば別だけど

自分が先だったら君の悲しみは分からない

君が居なくなってしまったとき
その寂しさを分かち合える人が
君以外に見つけることができるだろうか

だったら

その時に備えて今のうちに悲しんでしまおう
別れの前の最後の抱擁
こうして僕らの一日は悲しみで始まる

いくら悲しんでも悲しみは深まるばかり
最後の抱擁が毎朝つづく

こうして深い安らぎで毎日がはじまる

（さびしいね）

うん

（－－－－－－）

あとがき 2

本書は私が60歳を迎えるころから書き始め今日まで20年ほどの間に書き溜めた作品より成るものです。その点では二年前に発表した前著、『時の川べりで』と背景が重なり合っています。前著中の作品は、それまでに書き溜めた２００篇ほどの雑多な作品から一定の方針で選別されたものですが、同時に最初で最後の作品集として計画されていたので、いまでは第一集と名付ける前著が、分量からすると本書の二、三冊分となる個人アンソロジー集という性格をもっておりました。その後第一集の出版で一方ならぬお世話になった原人舎編集者大石さんの勧めで、書き溜めていたものを中心にほぼ同規模の第二集を準備しておりましたが編集が大詰めを迎えたところで不測の事情から出版計画が頓挫し、公刊を見合わせざるを得なくなりました。この方面に伝手の無い私にとって新たな版元を探すというのは難事に思われましたが、前著で偶然大石さんという編集者の知遇を得られたように、今度も労少なくして、ミッドナイト・プレスの編集者岡田さんとの出会いという幸運に恵まれました。

これを機に、編集方針を7割方が新作よりなるスリムなものへと転換しました。それに伴い本書の性格も前著の拾遺集という面が薄れ、その後の展開を中心とした前著の続編というべきものに変りました。同じ人間が書くものですので、内容に変り映えがないとしても仕方がありません。ただ著者にとってなにより幸いであったのは、長年詩にかかわってこられつつなお（富岡多恵子さんの言葉を使わせてもらえば）「詩へのなさけと愛」の初心を体現しておられる岡田さんという方を編集者として得たことでした。詩の先達としての岡田さんから編集中にいただいた適切な指摘やアドバイスは大変有難いものでした。おかげで本としての体裁はより整ったものと思います。あらためてお世話になった岡田さんにお礼申し上げます。また場所柄を弁えず、本書の成立事情に関して前著に言及することをお許し下さった岡田さんの寛大なお計らいに感謝いたします。

平成29年6月15日

石館康平

石館康平（いしだて　こうへい）
一九三七年　北海道生まれ
一九六四年　東京教育大学理学部卒業
一九七〇年　大阪大学大学院理学研究科生化学専攻博士課程修了
一九七〇—一九八九年　国立予防衛生研究所（現国立感染症研究所）
一九八九—二〇〇三年　米国コネチカット大学医学部
にて医学生物学領域の業務及び研究に従事
二〇一五年　詩集『時の川べりで』（原人舎）

訳書
一九八七年　ケラー『動く遺伝子』（石館三枝子との共訳　晶文社）
一九九三年　サックス『レナードの朝』（石館宇夫との共訳　晶文社）
一九九七年　ランバウ、ルーウィン『人と話すサル「カンジ」』（講談社）
一九九九年　ゲーツェル『ポーリングの生涯』（朝日新聞社）
ほか

最後の抱擁

二〇一七年十月二十八日　発行

著　者　石館康平

発行者　岡田幸文

発行所　ミッドナイト・プレス
埼玉県和光市白子三-一九-七-七〇〇二
電話　〇四八（四六六）三七七九
振替　〇〇一八〇-七-二五五八三四
http://www.midnightpress.co.jp

印刷・製本　モリモト印刷

ISBN978-4-907901-13-4